Sozialdemokratie und Arbeiterschaft.

Sozialdemokratie und Arbeiterschaft.

Von

Dr. jur. Richard Freund,

Vorsitzendem der Landes-Versicherungs-Anstalt Berlin,
Vorsitzendem des Verbandes Deutscher Arbeitsnachweise.

Sonderabdruck aus der „Sozialen Praxis".

Zweite unveränderte Auflage.

Leipzig.
Verlag von Duncker & Humblot.
1902.

Die Sozialdemokratie hat im Reichstage geschlossen mit der konservativen Partei gegen den Antrag Roesicke-Pachnicke, betreffend die Organisation der paritätischen Arbeitsnachweise, gestimmt. Dieses Verhalten der Sozialdemokratie wirft ein grelles Schlaglicht auf die Arbeiterpolitik der sozialdemokratischen Partei als solcher. Es wird nothwendig sein, die Stellung der sozialdemokratischen Partei einerseits und der Arbeiter andererseits zur Frage des Arbeitsnachweises historisch darzulegen.

Ursprünglich stand sowohl die Partei als auch die Arbeiterschaft auf dem Standpunkt, daß der Arbeitsnachweis ausschließlich in die Hände der Arbeiter gelegt werden müsse und jede Einmischung der Arbeitgeber oder gar anderer Faktoren in diese Organisation zurückzuweisen sei. Als im Jahre 1893 auf der Versammlung des Freien Deutschen Hochstiftes zu Frankfurt a/M. zum ersten Male die Arbeitsnachweisfrage öffentlich diskutirt wurde und sich Arbeiter an dieser Erörterung betheiligten, wurden diese Arbeiter von der sozialdemokratischen Partei scharf rektifizirt. Mit der Bewegung, welche auf die Einrichtung kommunaler Arbeitsnachweise hinzielte, fing die Arbeiterschaft an, die Frage objektiver zu beurtheilen und schien, wenn auch nur vereinzelt, geneigt, sich an solchen Einrichtungen zu betheiligen. So wurde insbesondere im Jahre 1894 der erste und mustergültige paritätische Facharbeitsnachweis der Berliner Brauer unter der eigensten Aegide der Sozialdemokratie ins Leben gerufen, als Preis des Friedens im Berliner Bier-Boykott.*) Doch nahm noch der Gewerkschaftskongreß

*) „Die englischen Arbeiter würden so hoch springen wie die Paulskirche," schrieb Fr. Engels, „wenn sie einen solchen Arbeitsnachweis erhielten."

in seiner Versammlung vom Jahre 1896 eine Resolution an, an deren Spitze der Satz stand: „Grundsätzlich abzulehnen ist jede Erwägung der Möglichkeit einer gemeinsam geführten Arbeitsvermittlung zwischen Arbeiter und Arbeitgeber."

Eine fundamentale Aenderung in der Stellungnahme der Arbeiterschaft trat im Jahre 1898 ein. Im Anfang dieses Jahres setzte ich mich mit dem Ausschuß des Berliner Gewerbegerichts in Verbindung mit dem Antrage: Es möchte durch die Wahl der dem Ausschuß angehörigen Arbeitgeber und Arbeitnehmer eine offizielle Vertretung von Arbeitgebern und Arbeitnehmern im Vorstande des Centralvereins für Arbeitsnachweis geschaffen werden. Die Verhandlungen führten zu einem gedeihlichen Abschluß, die nothwendige Statutenänderung erhielt durch Kabinetsordre vom 12. September 1898 die Königliche Genehmigung und die Vertreter der Arbeitgeber und Arbeitnehmer traten hierauf in den Vorstand ein. In einer Sitzung des Gesammtvorstandes des Centralvereins für Arbeitsnachweis, in der zum ersten Male die neugewählten Vertreter anwesend waren, brachte ich die Frage des paritätischen Facharbeitsnachweises zur Sprache und die Vertreter der Arbeiter gaben einstimmig in einer formellen Erklärung ihre volle Sympathie mit den auf die Errichtung paritätischer Facharbeitsnachweise hinzielenden Bestrebungen des Centralvereins Ausdruck.

Durch diese Erklärung kam der Stein ins Rollen. Die Vertreter der Arbeiter wurden ihretwegen vielfach scharf angegriffen, und die Angelegenheit kam in der Gewerkschaftskommission, dem Centralorgan der „organisirten Arbeiter", zur Erörterung. Nach langen erregten Verhandlungen nahm schließlich die Kommission mit einer erheblichen Mehrheit einen Beschluß an, in welchem die Stellungnahme der Arbeitervertreter im Vorstande des Centralvereins gebilligt wurde. Jetzt nahm auch der im Mai 1899 tagende Gewerkschaftskongreß in Frankfurt a. M. Stellung zu der Frage und modifizirte seine frühere ablehnende Haltung ganz erheblich zu Gunsten der paritätischen und neutralen Arbeitsnachweise. Seit dieser Zeit hat namentlich in Berlin das Interesse der

Arbeiter an der Organisation paritätischer Facharbeits=
nachweise nicht nur nicht nachgelassen, sondern es ist
außerordentlich gewachsen. In dieser Beziehung darf ich mir
wohl ein kompetentes Urtheil zuschreiben, weil fast alle hieraufbezüg=
lichen Bestrebungen und Verhandlungen in meiner Hand zusammen=
laufen. Widerstand und Schwierigkeiten finde ich fast nur bei den
Arbeitgebern. Die Arbeiter der verschiedensten Gewerbe machen
zur Zeit in Berlin große Anstrengungen, um den paritätischen
Facharbeitsnachweis zu erreichen, vielfach wird von den Arbeitern
die Forderung des paritätischen Arbeitsnachweises als Programm=
punkt aufgestellt, ja die Arbeiter sind selbst zu materiellen Opfern
bereit, um ihr Ziel zu erreichen. So erboten sich kürzlich die
Arbeiter eines bestimmten Gewerbes, als die Arbeitgeber erklärten,
den jährlichen Kostenbetrag für die Unterhaltung des zu begründen=
den paritätischen Arbeitsnachweises nicht aufbringen zu können,
sofort zur Tragung der Hälfte der Kosten.

Bei dieser Sachlage hält es nun die Sozialdemokratie, die
Partei, welche nach ihrer Meinung berufen ist, einzig und allein
die Arbeiterinteressen zu vertreten, die Arbeiterpartei par excellence,
für angebracht, geschlossen gegen eine Resolution zu stimmen,
welche den Zweck hat, die paritätischen Arbeitsnachweise in ganz
Deutschland auszubreiten. Wenn der „Vorwärts" (vom 4. Fe=
bruar) die Haltung der Partei zu rechtfertigen sucht, so sind die
beigebrachten Gründe so gänzlich unzulänglich, daß es sich nicht
verlohnt, darauf einzugehen. Nein, die Haltung der Partei findet
ihre Erklärung in dem Gegensatz der sozialdemokratischen
Parteipolitik zur Arbeiterpolitik.

Werfen wir einen kurzen Rückblick auf die Entwickelung
der deutschen Arbeiterbewegung in ihrer Beziehung zur
Sozialdemokratie.

Die sozialdemokratische Lehre, daß das Elend der großen
Massen nur ihre Ursache in der gegenwärtigen Ordnung des
Staates, der Wirthschaft und der Gesellschaft habe, und daß folge=
richtig dieses Elend nur beseitigt werden könne durch eine funda=
mentale Aenderung dieser bestehenden Ordnung, erschien den
Arbeitern als ein soziales Evangelium, dem sie begeistert folgten.

Die scharfe, zersetzende, vielfach zwar übertriebene, aber doch im Großen und Ganzen begründete Kritik, welche die Sozialdemokratie unausgesetzt durch Wort und Schrift an bestehenden Zuständen, insbesondere bezüglich der Lage der arbeitenden Klassen führte, gewann ihr zumeist unter den Arbeitern enthusiastische Freunde. Welche Partei hatte es bisher gewagt, so offen und ungeschminkt die traurigen Zustände darzulegen, das „Arbeiterelend" so wirkungsvoll zu schildern — war es da zu verwundern, daß die Arbeiter die feurigsten Apostel der neuen Lehre wurden? Aber nicht nur unter den Arbeitern, sondern in allen Schichten der Bevölkerung fanden diese Angriffe der Partei Widerhall, und es bildete sich mit der Zeit diejenige sozialreformatorische Strömung, welche, indem sie die sozialdemokratische Parteilehre ablehnte, doch sich der Einsicht nicht verschloß, daß Maßregeln zur Verbesserung der Lage der breiten Massen der Bevölkerung getroffen werden müssen. Dieser Strömung folgte in umfassender Weise nicht nur die Gesetzgebung, sondern es regte sich allenthalben unter den Besitzenden das soziale Gewissen, und das führte zu einer äußerst regen sozialpolitischen, gemeinnützigen Thätigkeit und insbesondere zu den erfreulichsten Bestrebungen der Arbeitgeber, die Lage ihrer Arbeiter zu verbessern. Es ist gar nicht zu bezweifeln, daß die Sozialdemokratie indirekt den Anstoß zu dieser Bewegung gegeben hat und daß sie sich damit um die deutsche Kulturentwickelung unvergängliche Verdienste erworben hat.

Ebensowenig ist aber zu bezweifeln, daß diese sozialpolitische Entwickelung nicht das Ziel der Sozialdemokratie war, auf das sie hinsteuern wollte, daß vielmehr diese ganze Entwickelung der Partei sehr unbequem wurde. Indem die Sozialdemokratie vorhandene Uebelstände mit größter Rücksichtslosigkeit in schärfster Weise geißelte, verfolgte sie in der Hauptsache taktische Zwecke: sie wollte den breiten Massen das Elend ihrer Lage voll zum Bewußtsein bringen und gleichzeitig einerseits die völlige Ohnmacht von Staat und Gesellschaft, diesen Zuständen abzuhelfen, festlegen, andererseits aber den Schluß ziehen, daß nur bei fundamentalster Aenderung der bestehenden Ordnung von Staat und Gesellschaft das Elend der

Massen beseitigt werden könnte. Freilich gewann die Sozialdemokratie durch ihre Taktik eine große Anhängerschaft und diese Anhängerschaft wuchs ganz folgerichtig mit jeder gesetzgeberischen sozialpolitischen Maßnahme, die von den Massen irrig als „Erfolg" der Parteibestrebungen aufgefaßt wurde; aber andererseits bewirkte dieselbe Taktik, daß die sozialpolitische Thätigkeit von Staat und Gesellschaft eine ungeahnte, der Sozialdemokratie wohl unerwartete Höhe erreichte. Der Staat stellte den Arbeiter sicher gegen die Folgen von Unfällen bei der Arbeit und von Krankheit, er sicherte ihm Pension für den Fall der Invalidität und für sein hohes Alter, er sorgte für gesunde Arbeitsräume, für Schutz vor den Gefahren der Arbeit, er schützte die Kinder und Frauen der Arbeiterschaft vor gesundheitsschädlichen Folgen der Arbeit, und die Gesellschaft ergänzte diese Thätigkeit des Staates durch die mannigfachsten gemeinnützigen und humanitären Bestrebungen in der glücklichsten Weise. Die Thätigkeit von Staat und Gesellschaft erfüllte aber nicht nur ihren unmittelbaren Zweck, die Förderung der Arbeiterwohlfahrt, sondern sie erfüllte auch gleichzeitig das höchste sozialpolitische Ziel: die Abschwächung der sozialen Gegensätze. Reich und arm, hoch und niedrig, Arbeitgeber und Arbeitnehmer, sie alle wurden einander näher gebracht und lernten sich verstehen.

Während nun in dieser Weise Staat und Gesellschaft thätig waren, legten die Arbeiter die Hände nicht in den Schooß. Der Arbeiter stand den sozialen Bestrebungen von Staat und Gesellschaft im Allgemeinen sehr skeptisch gegenüber, brachte ihm Hohn, Spott und sogar Widerstand entgegen. Aber auch den Arbeiter rüttelte die sozialdemokratische agitatorische Taktik auf, und hier kam der gesunde, praktische Sinn des deutschen Arbeiters zum vollen Durchbruch; er kam bald zu der klaren Erkenntniß, daß Staat und Gesellschaft ihn wohl stützen, ihm den Kampf ums Dasein erleichtern könnten, daß aber das wichtigste Ziel bleiben müsse: die Hebung seiner wirthschaftlichen Lage durch Erzielung besserer Arbeitsbedingungen. Es erstand die moderne Arbeiterbewegung mit dem Motto: Hilf Dir selbst! Den Muth und die volle Kraft gewann diese Bewegung zweifellos erst aus der sozialpolitischen

Thätigkeit von Staat und Gesellschaft, wie denn auch diese Arbeiter=
bewegung ihren Höhepunkt noch lange nicht erreicht hat: Wir stehen
hier erst in den Anfängen der Entwickelung.

Unter dem Drucke der sozialdemokratischen Lehre, daß unter der
gegenwärtigen Staats= und Gesellschaftsordnung eine durchgreifende
Besserung der Lage der arbeitenden Klassen sich doch nicht erzielen
lasse, setzte die Arbeiterbewegung erst schwach ein, um allmählich,
ermuthigt durch die Erfolge und nicht zum Mindesten aufgeweckt
durch die Sympathien, die ihr aus allen Schichten der Bevölkerung
entgegengebracht wurden, zu erstarken. Die Arbeiterbewegung
und die sozialdemokratische Parteibewegung stehen in
ihren Zielen in einem schroffen Gegensatz. Das Ziel der
Arbeiterbewegung ist lediglich: die Verbesserung der Arbeits=
bedingungen in der gegenwärtigen Staats= und Gesellschaftsordnung,
das Ziel der Sozialdemokratie: der Umsturz der gegenwärtigen
Staats= und Gesellschaftsordnung. Hieraus folgt naturgemäß, daß
die sozialdemokratische Partei als solche das Erstarken der Arbeiter=
bewegung mit großem Mißtrauen verfolgte und unaufhörlich be=
tonte, daß diese Bewegung keine selbständige Existenz=
berechtigung habe, daß vielmehr die Arbeiter nur in
dem Wirken für die Partei und die Erreichung der
Parteiziele ihre Zukunft suchen müßten. In dem Maße,
in dem aber die Arbeiterbewegung Fortschritte machte und Er=
folge erzielte, in dem Maße, in welchem als Folge hiervon die
Arbeiter nothgedrungen zur Ueberzeugung kamen, daß auch in
der gegenwärtigen Staats= und Gesellschaftsordnung eine wesent=
liche Verbesserung ihrer Lage zu erreichen sei, in dem Maße ver=
loren sie das Interesse für die Partei und ihre Ziele.

Jeder Erfolg, den die Arbeiter erringen, schwächt die Position
der Partei, und so ist es nicht zu verwundern, daß die Partei,
wenn auch sehr vorsichtig bestrebt war, die Gewerkschaftsbewegung
niederzuhalten und in größere Abhängigkeit von sich zu bringen.
Auf dem zweiten deutschen Gewerkschaftskongreß, welcher in der
Zeit vom 4. bis 8. Mai 1896 in Berlin tagte, wurden die Ver=
hältnisse der Gewerkschaftsbewegung zur Partei vielfach berührt,
wenn es auch noch nicht zu direkten Auseinandersetzungen kam.

So führte ein Redner aus: „Die deutschen Gewerkschaften müssen eine Spitze haben, welche auch verhindert, daß die Gewerkschaften zum politischen Hausknecht degradirt werden. Der heutige Kongreß müsse beschließen, welchen Weg die Gewerkschaften einzuschlagen hätten: Entweder sei dies der politische, und dann seien Generalkommission und Centralverein überflüssig, oder aber wir arbeiten in der bisherigen Weise weiter." Ein anderer Redner, ein Führer in der Arbeiterbewegung sagte: „Wir Gewerkschaften dürfen keineswegs unter die Botmäßigkeit der Partei kommen." Endlich führte ein dritter Redner aus: „Von der politischen Partei dürfen sich die Gewerkschaften nicht abhängig machen, und es wäre schon Erfolg, wenn man im politischen Lager die Berechtigung der Gewerkschaftsbewegung voll anerkennen würde." Auch auf der außerordentlichen Generalversammlung des Verbandes der deutschen Buchdrucker zu Halle a. S. vom 14. Juli 1896 kam der Gegensatz zur Partei in recht scharfer Weise zum Ausdruck und ein Redner stellte unter dem Beifall der Versammlung für das Gewerkschaftsprogramm den Grundsatz auf: Parteipolitik ist Privatsache. Deutlicher als durch diese Auseinandersetzungen kann kaum die Lage illustrirt werden.

Die Arbeiter trauen der Partei nicht mehr, sie haben die Empfindung, daß ihre Interessen den Parteiinteressen rücksichtslos zum Opfer gebracht werden. Was ist Herrn Bebel der Arbeitsnachweis? Wenn irgend etwas im Stande ist, Arbeitgeber und Arbeiter einander näher zu bringen, die vorhandenen Gegensätze abzuschwächen und den sozialen Frieden anzubahnen, dann ist es das Zusammenwirken von Arbeitgebern und Arbeitern in der Organisation des Arbeitsnachweises, dieser Institution, welche für die Arbeiter von der allergrößten Bedeutung ist. Aber das ist es vielleicht, was der sozialdemokratischen Partei ganz und gar nicht genehm ist! Wo bleibt die Partei, wenn Arbeitgeber und Arbeiter sich verstehen lernen, wenn eifriges Wirken der Arbeiter in dieser Organisation zur Abhülfe von Mißständen führt, wenn berechtigte Forderungen der Arbeiter durch verständige, rechtzeitige Verhandlungen ohne Kampf erfüllt werden? In Berlin pulsirt die Arbeiterbewegung wohl am stärksten, hier ist sie aber auch am meisten dem Einfluß der Partei ausgesetzt, und doch habe ich aus genauester Kenntniß der Verhältnisse die Ueberzeugung, daß hier schon längst die Arbeiter ihre eigenen Wege gehen. So sind auch die Arbeiter gerade in der Arbeitsnachweisfrage, unbeirrt um die Stellungnahme der Partei, selbständig vorgegangen und die Partei ist widerwillig gefolgt. Ganz besonders ist es aber die große Zahl der führenden Arbeiter, welche in den sozialpolitischen Organisationen als Vertreter der Arbeiterschaft fungiren, die sich zusammenschließen und auf eigene Faust eine segensreiche sozialpolitische Thätigkeit entfalten. Ich hebe hier besonders hervor die Centralkommission der Krankenkassen, welche öffentliche populäre Vorträge veranstaltet, an denen sich die hervorragendsten Vertreter der Berliner ärztlichen Wissenschaft betheiligen; diese Arbeiter sind für alle Bestrebungen zu haben, welche die Wohlfahrt der Arbeiter zu fördern geeignet sind, bei ihnen sprechen keine Parteirücksichten mit, sie sind eben Arbeiter.

Die „Partei" hängt an der Arbeiterbewegung wie ein Bleigewicht und hindert ihre gesunde Entwickelung; zu dieser Erkenntniß kommen die Arbeiter immer mehr und mehr und die gegenwärtig starke Strömung für eine Neutralisirung der Gewerkschaften, d. h. für die völlige Loslösung der Arbeiterbewegung von einseitigen unfruchtbaren Parteibestrebungen wird zweifellos in absehbarer Zeit die Oberhand gewinnen. Wenn der Prozeß nur langsam vor sich geht, so trägt hieran sicherlich große Schuld eine falsche Regierungspolitik, welche die von einander lostrebenden Elemente immer wieder zusammenführt. Eine Maßnahme wie die „Zuchthausvorlage" mußte selbst die vernünftigsten Arbeiterführer stutzig machen; sie ist mit vollem Recht von der Sozialdemokratie für ihre Zwecke weidlich ausgenutzt worden und hat den Loslösungsprozeß für Jahre zurückgeworfen. Auch bei den höchsten Behörden im Reich und Staat herrschen vielfach Auffassungen über die Arbeiterbewegung, welche nicht geeignet sind, diesen Loslösungsprozeß zu fördern. Dazu kommt, daß die Bestrebungen, welche auf Förderung einer ge=

junden Arbeiterpolitik gerichtet sind, in weiten Kreisen noch starkem Widerspruch begegnen: **Unverstand und böser Wille reichen sich hier die Hand.** Wie groß ist nicht der Kreis derjenigen, die Jeden für einen Sozialdemokraten halten, der geneigt ist, maßvolle Arbeiterbestrebungen zu fördern! Die Verwirrung in den Köpfen dieser Leute wird dadurch angerichtet, daß sie zumeist über die Entstehung und Entwickelung der ganzen Bewegung in völliger Unklarheit sind, daß sie ferner ohne Weiteres denjenigen für einen Sozialdemokraten ansehen, der Forderungen unterstützt, welche vielleicht einmal von der sozialdemokratischen Partei aufgestellt sind, ohne zu prüfen, ob diese Forderungen sozialdemokratische Parteiprinzipien zur Erfüllung bringen sollen, oder ob es sich um Forderungen handelt, welche klar erwiesenen Mißständen abhelfen sollen und mit Parteiprinzipien nicht das Mindeste zu thun haben. Das in alle Bevölkerungsschichten dringende Interesse an sozialpolitischen Fragen und die wachsende Erkenntniß durch Aufklärung in Wort und Schrift wird hier Abhülfe schaffen. Ungleich gefährlicher für sozialpolitische Fortschritte ist der Kreis derjenigen, welche **wider besseres Wissen** sozialpolitische und sozialdemokratische Thätigkeit identifiziren, um erstere zu diskreditiren. Hier kommt der krasse Egoismus der Interessenten zur Geltung, welche eine Schmälerung ihres Profits befürchten. Nimmt man noch hinzu, daß die sozialdemokratische Partei selbst naturgemäß die größten Anstrengungen macht, um die Arbeiterbewegung in Abhängigkeit von sich zu erhalten, so wird man die Schwierigkeiten ermessen können, welche sich **der Emanzipation der Arbeiterbewegung von der Partei** entgegenstellen.

Nun kann auch die Arbeiterbewegung eine Vertretung ihrer Interessen in den parlamentarischen Körperschaften nicht entbehren, und so lange nicht eine politische Partei fähig ist, hier die sozialdemokratische Partei abzulösen, wird diese bei den politischen Wahlen in der Arbeiterschaft immer noch die größte Stütze finden. Freilich wetteifern heutzutage alle Parteien in sozialpolitischer Thätigkeit und in Arbeiterfreundlichkeit, aber diese Bestrebungen werden, soweit die Parteien als Ganzes in Betracht kommen, vielfach von Opportunitäts-Rücksichten diktirt. So lange man aber nicht Sozialpolitik aus innerster Ueberzeugung treibt, so lange wird man das Vertrauen der Arbeiterschaft nicht gewinnen können, und dies mit Recht. Daß die heutigen Parteigruppirungen veraltet sind, daß sie sich überlebt haben, wird ernstlich nicht mehr bestritten werden können. In jeder Partei giebt es Sozialpolitiker aus Ueberzeugung, in allen Schichten der Bevölkerung, in der heranwachsenden Jugend finden ehrliche sozialpolitische Bestrebungen freudigsten Widerhall, und so drängt die ganze sozialpolitische Entwickelung unaufhaltsam zur Bildung einer neuen Partei, in welcher die alten Parteigegensätze verschwinden und eine verständige überzeugungstreue Sozialpolitik die Richtschnur und den Leitstern bildet. Alle großen politischen Fragen sind in letzter Linie soziale Fragen und ihre Beurtheilung und Lösung muß von verständigen sozialpolitischen Gesichtspunkten aus erfolgen. Die Sozialpolitik muß Selbst=Partei=Zweck sein und darf nicht für engherzige Fraktionsbestrebungen ausgebeutet werden.

Hunderttausende von Arbeitern wählen sozialdemokratisch, nicht weil sie die politischen Ziele dieser Partei zu den ihrigen machen, sondern weil die sozialdemokratische Partei die höchsten Forderungen für die Arbeiter stellt, Forderungen, deren Unerfüllbarkeit vielfach von vornherein feststeht. Werden aber wirklich dadurch die Interessen der Arbeiter gewahrt? Nein, ganz im Gegentheil! Gerade diese utopistische, radikale Arbeiterpolitik schädigt aufs Schwerste die gesunde Arbeiterbewegung. Die übertriebenen sozialdemokratischen Forderungen verfolgen vielfach nur den Zweck, den Arbeitern die Ohnmacht von Staat und Gesellschaft zu zeigen oder ihnen den Widerstand der herrschenden Klassen gegen die verlangten Reformen vor Augen zu führen; andrerseits schrecken sie aber die Anhänger einer besonnenen arbeiterfreundlicher Sozialpolitik zurück und liefern den Gegnern dieser Sozialpolitik willkommene Waffen zur Bekämpfung und Niederhaltung jeglicher Reformen. Die Sozialdemokratie diskreditirt die Arbeiterbewegung. Die Arbeiter werden dies allmählich begreifen, sie werden begreifen daß die Verquickung ihrer berechtigten Bestrebungen zur Hebung ihrer wirthschaftlichen Lage mit unfruchtbaren utopistischen Partei=

bestrebungen sie von der Erreichung ihres Zieles weit abtreibt. Die Arbeiter müssen aber auch begreifen, daß die Verfolgung ihrer Interessen nicht identisch sein kann mit dem rücksichtslosen Kampf gegen die Arbeitgeber und deren Interessen. Es ist widersinnig und selbstmörderisch, Forderungen aufstellen, welche unerfüllbar sind, welche den Arbeitgeber an der Fortführung und Weiterentwickelung seines Betriebes auf das Empfindlichste zu schädigen geeignet sind: Die Interessen der Arbeitgeber und Arbeitnehmer sind hier identisch. Schon vor Jahren habe ich die deutschen Arbeiter warnend auf die englische Glasindustrie hingewiesen, welche durch übertriebene, rigorose gewerkschaftliche Forderungen in ihrer Entwickelung schwer geschädigt worden ist. Was erreichen die Arbeiter durch eine solche Politik? Doch nur ihren eigenen Ruin! Das Maßhalten ist es, was der Arbeiterbewegung im sozialdemokratischen Fahrwasser fehlt.

Wenn auch die Arbeiterschaft der Sozialdemokratie viel zu verdanken hat, in der Politik giebt es keine Dankbarkeit, keine Sentimentalität. Die Sozialdemokratie hat dem Arbeiter in den Sattel geholfen — nun kann er reiten!

Printed by Libri Plureos GmbH
in Hamburg, Germany